AF563830

LA

CONFUSION

DE

LA POLITIQUE ET DE LA RELIGION

AU DIX-NEUVIÈME SIÈCLE

PAR

CAMILLE MAFFRE

PARIS

LIBRAIRIE DE CH. MEYRUEIS ET Cie

RUE DE RIVOLI, 174

1860

TIMBRE IMPERIAL.
cen.
5.
SEINE
TIMBRE IMPERIAL.

LA CONFUSION

DE

LA POLITIQUE ET DE LA RELIGION

AU DIX-NEUVIÈME SIÈCLE

I

Depuis quelques années, l'attention publique s'est portée en France vers les études ou du moins vers les questions religieuses.

L'âme humaine s'est réveillée. Les événements politiques, accomplis pendant l'année qui vient de s'écouler, ont donné à ces questions importantes un intérêt particulier d'actualité qu'elles n'avaient pas avant, et à ceux qui s'en occupent un redoublement de zèle pour les approfondir.

Des malentendus fâcheux et déplorables se sont produits ; des hommes intelligents et honorables, mais ambitieux ou aveuglés, les ont adoptés, les ont patronés et répandus. Il en est résulté des causes de trouble et d'agitation qui sont heureusement tombées d'elles-mêmes, devant le bon sens du peuple français.

La politique et la religion, auxquelles s'est alliée une chimérique philosophie, se sont mêlées et confondues dans une foule de lettres, de brochures et d'articles de journaux ; elles ont élevé presque à la hauteur d'un principe religieux, une des questions les plus simples qu'avait à résoudre la politique contemporaine.

Lorsque la clarté commençait à luire dans les ténèbres de la question italienne, lorsque les esprits timides et incertains revenaient au calme et à la confiance qu'inspirait une sage politique, la nouvelle *Sainte-Alliance* a fait surgir des complications imprévues.

En vain des hommes consciencieux ont éclairé l'opinion publique sur la vérité de la situation ! En vain la presse libérale a soutenu, avec un honorable empressement, la cause de la justice et de la civilisation ! Les politiques, ligués sous des dehors religieux, n'ont pas renoncé à leurs manœuvres coupables. Ils ont essayé de tromper et d'égarer l'opinion ; ils ont alarmé des consciences naïves et tranquilles ; ils ont jeté, du haut de leurs rancunes et de leurs déceptions, de nouveaux brandons de discorde, au milieu de l'attente universelle d'une paix juste, solide et durable.

Devant leurs écrits et leurs paroles, devant leurs injures et leurs menaces, ils ont encore trouvé l'indifférence d'une population entière.

Le jour de la réparation se lèvera bientôt sur un pays infortuné ; la vraie vérité se connaîtra en France, et la croisade politique, entreprise sous le masque de la religion, se tournera contre ses fauteurs, à leur honte et à leur confusion.

Il s'est déjà produit un fait politique d'une haute importance, dont le caractère inattendu n'échappera à personne et qu'il est bon de noter en passant. Des fractions diverses du libéralisme français, qui jusqu'à ce jour étaient demeurées vis-à-vis du gouvernement actuel dans une expectative indifférente, ont compris qu'il se préparait contre les principes de 89 une guerre générale, dont les questions actuelles n'étaient que le prétexte. Elles ont senti le besoin, la nécessité d'une union forte et vigoureuse. Nous avons vu de ces indifférents s'agiter et chercher autour d'eux un drapeau, que leurs yeux avaient perdu l'habitude de voir ; ils l'ont aperçu dans les mains glorieuses de Napoléon III ; ils ont fait alors le sacrifice de leurs opinions personnelles sur la forme et la nature du gouvernement, et se sont groupés autour d'un grand nom, armé pour la défense de nos institutions nationales et du droit des peuples opprimés.

Cette attitude, sur laquelle les agitateurs n'avaient peut-être pas compté, n'a pas arrêté leur audace, ni diminué leurs clameurs. Ils ont continué d'user, et d'abuser même quelquefois de la tolérance et de la modération dont le pouvoir a donné jusqu'ici des preuves incontestables.

Pourtant, que de bruit pour une cause si simple ! Un étranger qui viendrait en France, sans connaître les ruses et les intrigues d'un certain parti, ne croirait-il pas que tout est perdu, que la civilisation va disparaître au milieu d'une affreuse tourmente révolutionnaire et que la société va s'engloutir dans ce gouffre, au fond duquel seront précipitées la religion et toutes les causes *saintes et légitimes*.

Si l'on disait à cet étranger :

« Le pape, chef spirituel de la religion catholique, administrait fort mal son royaume temporel ; ce n'est pas là qu'il faudrait chercher l'amour des sujets pour leur souverain et la tendresse paternelle du souverain pour ses sujets. Le hasard, qui dans beaucoup d'occasions peut s'appeler Providence, a fait qu'une province n'est plus sous l'autorité du pape. Les habitants de ce pays trouvent fort naturel de ne pas se remettre sous un joug intolérable. En France, les agitateurs veulent faire croire que si les choses se passent ainsi, le pape ne sera plus pape. Ils ont adroitement confondu son pouvoir spirituel et son pouvoir temporel ; et, à l'aide de cette confusion, ils ont essayé de passionner le peuple pour une cause perdue. »

Soyez assurés qu'il répondrait :

« Il faut que les agitateurs se fassent une bien triste idée de l'intelligence et du cœur du peuple auquel ils s'adressent. »

Les écrivains qui se sont faits les apôtres de cette confusion étrange ne sont pas tous des catholiques fervents, qui peuvent expliquer leur emportement par un zèle trop exagéré pour la défense de leur Eglise. Plusieurs ont prêché dans le temps avec une ardeur parfois un peu vive, contre leurs alliés d'aujourd'hui; mais qu'est-ce qu'une conviction, une croyance, un principe, lorsque les années ont passé dessus, lorsque surtout l'intérêt politique commande de les sacrifier, de les renier? Nous pourrions croire à la sincérité des philosophes qui se sont rangés sous les bannières de l'orthodoxie catholique ultramontaine, si nous apprenions que la grâce divine a touché leur cœur et dissipé les erreurs de leur jeunesse. Mais sur quel chemin un éclair céleste a-t-il ouvert leurs yeux à la lumière, et réduit en poussière leurs anciennes doctrines?

Sont-ils pharisiens ou chrétiens? Dieu seul connaît ce secret.

Néanmoins, nous assistons à un singulier spectacle, et la postérité sourira plus d'une fois de pitié, en lisant l'histoire de notre époque.

Quoi qu'il en soit dans l'avenir, la question italienne a dans ce moment le privilége d'occuper tous les esprits; chacun a voulu dire ou écrire son mot. Les plus hardis ont proposé des solutions. Nous n'écrivons pas pour en donner une; nous n'avons ni assez d'expérience, ni assez d'autorité pour donner des conseils aux gouvernements et aux peuples : ils savent mieux que nous quelle œuvre ils ont à accomplir. A peine si nous avons une espérance : c'est de voir l'Italie libre et régénérée; tout ce que nous pouvons faire, c'est de demander à Dieu que notre croyance ne soit pas une illusion.

Notre intention est d'étudier, dans ces pages, au point de vue religieux, une question déjà fort ancienne qui s'est produite de nos jours avec une nouvelle intensité et qui, grâce aux événements actuels, ne tardera pas à se glisser dans les masses; nous voulons parler de la séparation de la politique et de la religion.

Démontrer la vérité de ce principe et signaler le danger de confondre deux choses de nature différente, voilà notre but.

II

Les hommes n'inventent pas les questions; elles se posent elles-mêmes. Quand elles se présentent, le mieux est de les discuter en toute liberté et de les considérer sous toutes leurs faces, de les suivre dans toutes leurs conséquences. Si on les évite ou si on les tourne, par crainte ou par prudence, elles reparaissent un peu plus loin sous une autre forme, plus dangereuses et plus embrouillées.

Alors naissent les disputes et avec elles les haines et les erreurs, tandis que d'une discussion calme et modérée seraient sorties la lumière et la vérité.

Nous ouvrons ces débats, sans parti pris d'avance, avec la conscience tranquille; si nous nous trompons, c'est de bonne foi.

Dans l'antiquité la politique était soumise à la religion; cette soumission formait le fond même du droit païen. La prédication du christianisme posa, sans la formuler nettement, la question de la séparation des deux pouvoirs. En effet, la religion nouvelle se développa et se propagea sans le secours de la politique, souvent malgré la politique; les prêtres païens, alarmés de ses progrès, avaient imposé aux gouvernements le devoir de la persécution.

Lorsque, par suite de diverses transformations, le christianisme fut devenu le catholicisme du moyen âge, les prêtres de ce temps suivirent l'exemple de leurs prédécesseurs païens; ils armèrent la politique contre l'hérésie religieuse.

Mais les albigeois, les vaudois, les hussites et plus tard, avec plus d'éclat et de bonheur, la Réformation, posèrent de nouveau la question de la séparation des deux principes.

La révolution de 89 a résolu, en partie, la difficulté en reconnaissant la liberté des cultes; seulement, la politique a donné un peu dans un excès contraire à celui qu'elle voulait éviter; il y a eu, un moment, de sa part, une tendance, une propension à s'imposer à la religion. Ce système constitue le droit révolutionnaire.

Erreur de la religion dans l'antiquité, erreur de la politique après 89! La politique et la religion n'établiront jamais, simultanément, deux pouvoirs sans que l'un cherche à empiéter sur les attributions de l'autre.

Entre le droit païen et le droit révolutionnaire, se place le droit chrétien et *démocratique*, qui veut la séparation de la politique et de la religion. La confusion que l'on a voulu établir entre elles, pour servir des intérêts terrestres, suffirait seule pour justifier la légitimité de ce principe.

Que les prêtres catholiques, gardiens de la foi de leur Eglise, y songent sérieusement! En maintenant la confusion que nous attaquons, ou du moins en ne cherchant pas à la faire disparaître de l'esprit de leurs fidèles, ils assument sur leur conscience une terrible responsabilité. Car, si les hommes commencent par discuter leur autorité sur une question et par se dire : Ils se trompent ou ils nous laissent tromper, le lendemain, ils porteront sur d'autres leurs investigations. Qu'ils y songent sérieusement! Avec le libre examen, la foi du croyant peut se raffermir sans doute, mais il peut se faire aussi que le superbe édifice, construit péniblement par quinze siècles d'habileté et de génie, s'écroule en quelques années sous son souffle impitoyable et destructeur.

La confusion de la politique et de la religion n'est pas un dogme. Croyants et hérétiques, orthodoxes et dissidents, chrétiens et juifs, tous peuvent, sans craindre de compromettre l'œuvre de leur salut, protester contre un pareil abus. Et en cela, tous seront d'accord : 1° avec la raison; 2° avec l'Evangile; 3° avec la tradition catholique; 4° avec l'expérience.

III

1° Avec la raison.

Qu'est-ce que la religion ?

La science du salut de l'âme.

Qu'est-ce que la politique ?

La science du bonheur de l'homme sur cette terre.

Entre la religion et la politique, il y a la distance qui sépare la terre du ciel.

En effet, la religion est une œuvre essentiellement individuelle ; l'âme n'a pas besoin, pour faire son salut, du secours et de l'aide des autres âmes (1). Elle se suffit à elle-même ; seule, elle arrive à connaître et à comprendre Dieu.

Le catholicisme lui-même n'a-t-il pas approuvé cette doctrine ; l'anachorète de la Thébaïde, l'er-

(1) Nous n'entendons pas nier l'efficacité du culte public ; l'édification qui en résulte est une bonne chose. Elle encourage les forts dans une persévérance mutuelle et fortifie les faibles. Elle est utile, mais pas indispensable. Quand on lui donne trop d'importance, elle risque d'arriver à un formalisme liturgique aussi dangereux que le formalisme pratique pour le développement de la vie de l'âme.

mite du moyen âge qui vit dans les grottes des montagnes les plus désertes, le moine qui passe des années en contemplation dans la cellule de son couvent ne participent-ils pas au droit au salut, au même titre, à meilleur titre même que les croyants qui luttent dans la société contre les mille séductions qui éprouvent leur foi, à chaque étape de la vie.

Entre l'âme et Dieu, point de nuages pour empêcher la prière de l'homme d'arriver jusqu'au ciel! point d'obstacles à cette communion intime, qui, s'établissant entre le Créateur et sa créature, constitue le culte, manifestation de la religion!

Si un homme existait seul sur la terre, la religion existerait en même temps.

La politique, au contraire de la religion, est une œuvre essentiellement collective. Sans société point de politique! L'homme seul n'a pas besoin de lois. La politique n'existe que par les rapports des hommes entre eux et ne se manifeste que par des actes extérieurs, soumis à toutes les règles de l'imperfection et de la variation de l'homme. Réduite à son expression rationnelle et primordiale, elle est un contrat passé entre les hommes pour établir l'ordre dans la société et s'assurer mutuellement l'exercice de la liberté. Le gouvernement n'est que l'exécution ou la modification de ce contrat. Point de politique juste, si les lois ne sont pas l'expression de la volonté nationale! Point de gouvernement légitime, s'il n'est institué par le suffrage du peuple!

La religion est le droit individuel; la politique est le droit social.

Le principe de la religion est Dieu; celui de la politique est l'homme.

Le caractère de la religion est spirituel; celui de la politique est temporel.

Les moyens de la religion sont intimes, absolus, les mêmes dans tous les pays et pour toutes les âmes (1); ceux de la politique sont extérieurs, relatifs, subordonnés, quant à leur application, aux circonstances, aux époques, à la population des Etats, à leur degré de civilisation, à leurs besoins, etc.

Le but de la religion est le ciel; celui de la politique est la terre.

Comment voulez-vous que la politique et la re-

(1) Il est évident que nous parlons seulement de la religion, qui est divine, et non du culte, qui est humain.

ligion, si différentes dans leur principe, leur caractère, leur moyen et leur but, vivent longtemps en paix, si les attributions de l'une se confondent avec celles de l'autre? Le fini et la matière ne s'allieront jamais à l'infini et à l'esprit, sans qu'il en résulte de graves dangers; leur séparation est inévitable, fatale, nécessaire. Elle est une des nombreuses faces du progrès politique et de la dignité religieuse.

IV

2° Avec l'Evangile.

Nous nous adressons à des lecteurs chrétiens qui doutent souvent de la raison humaine; mais la parole du Christ et de l'Evangile est la parole de Dieu; pour eux, elle est une croyance, une foi. Leur doute s'incline devant elle.

Ouvrons ce livre, admirable de sainteté et de sagesse, ce livre dans lequel la raison humaine humiliée va souvent puiser, comme à une source intarissable, ses meilleures inspirations.

Avant Jésus-Christ, et de son temps, les hommes confondaient la religion avec la politique, le spirituel avec le temporel. Chez les Juifs surtout, peuple façonné dès longtemps au gouvernement théocratique, on se faisait difficilement une idée de la différence qui existe entre la politique et la religion. Des disciples même de Jésus-Christ s'attendaient à voir leur Maître relever la nationalité juive et se proclamer le roi du nouveau royaume. Mais son *royaume* n'était pas de ce monde ; il était venu sur la terre pour sauver les âmes perdues, non pour gouverner les hommes ; son enseignement ne cherchait pas à former des citoyens pour la vie terrestre ; il les préparait à la vie future et éternelle.

Sa doctrine porta le coup de la mort à l'ancienne loi. A la théocratie juive, il opposa l'autocratie religieuse : avec lui, plus de privilégiés dans le sanctuaire ! Le temple saint est ouvert pour tous ; chaque homme devient prêtre de son âme.

Les occasions ne manquèrent pas à Jésus-Christ, pendant sa carrière temporelle, de s'élever contre la confusion de la religion et de la politique.

Nous lisons dans l'Evangile :

« Le diable le transporta encore sur une très haute montagne, et lui montra tous les royaumes du monde et leur gloire; et il lui dit : Je te donnerai toutes ces choses, si, en te prosternant contre terre, tu m'adores; mais Jésus lui dit : Va, Satan; car il est écrit : Tu adoreras le Seigneur ton Dieu et le serviras *lui seul.* » (Saint Matthieu, c. IV, v. 8-10.)

Et encore :

« Alors les Pharisiens s'étant retirés consultèrent ensemble comment ils le surprendraient dans ses discours, et lui envoyèrent de leurs disciples avec des hérodiens, en disant : Maître, nous savons que tu es sincère et que tu enseignes la voie de Dieu selon la vérité sans avoir égard à qui que ce soit; car tu ne regardes pas à l'apparence des hommes. Dis-nous donc ce qui te semble de ceci : Est-il permis de payer le tribut à César, oui ou non? Mais Jésus connaissant leur malice, leur dit : Hypocrites, pourquoi me tentez-vous? Montrez-moi la monnaie dont on paye le tribut. Et ils lui présentèrent un denier. Et il leur dit : De qui est cette image et cette inscription? et ils dirent : De César. Alors, il leur dit : Rendez à César ce qui est à César et à Dieu ce qui est à Dieu. » (Saint Matthieu, c. XXII, v. 15-22.)

Un dernier exemple, que l'Eglise n'aurait jamais dû négliger de suivre, montrera d'une manière complétement évidente que l'Evangile, c'est-à-dire le christianisme, condamne l'immixtion de la religion dans les affaires temporelles.

Deux disciples de Jésus, Jacques et Jean fils de Zébédée, demandaient à leur Maître une faveur.

« Ce que les dix autres ayant ouï, ils conçurent de l'indignation contre Jacques et Jean. Et Jésus les ayant appelés leur dit : Vous savez que ceux qui dominent sur les nations les maîtrisent et que les grands d'entre eux usent d'autorité sur elles ; mais *il n'en sera pas ainsi parmi vous ;* mais quiconque voudra être le plus grand parmi vous sera votre serviteur ; et quiconque parmi vous voudra être le premier sera le dernier de tous. » (Saint Marc, c. X, v. 41-44.)

Des commentaires sont ici superflus ; la Parole de Dieu est assez claire pour être entendue et comprise de tout le monde. On aura beau torturer les textes sacrés, jamais il n'en sortira que la condamnation de l'abus invétéré de confondre la politique avec la religion.

L'Evangile se tromperait-il ?

V

3° Avec la tradition catholique.

L'Evangile ne se trompe pas, répondront à cette question les défenseurs de la confusion des deux pouvoirs.

Mais tout le christianisme n'est pas dans l'Evangile; ce livre ne contient que la préparation d'une doctrine qui a reçu plus tard, par la tradition, son développement. L'Evangile nous a transmis les enseignements que le Maître adressait à la foule, et la tradition ceux qu'il communiquait, en secret, à ses disciples de prédilection.

Nous n'avons pas à discuter la valeur de cette thèse, et puisque nos adversaires se retranchent derrière la tradition, suivons-les sur ce terrain.

Et d'abord, où est la tradition? Est-elle conservée religieusement, secrètement dans le sanctuaire de l'Eglise catholique, dérobée à tous les yeux profanes? Y a-t-il ainsi, comme autrefois en Egypte, la religion du peuple et la religion du prêtre? Nous ne le croyons pas. Il faut donc chercher la tradition et son développement dans l'histoire; nous éviterons de consulter les écrivains hérétiques et les philosophes; leur témoignage paraîtrait suspect, et nous demanderons humblement des lumières, sur cette question, à l'abbé Fleury, l'un des prêtres les plus pieux dont s'honore justement le clergé français.

La tradition a commencé son rôle le lendemain de la mort du Christ, et l'Eglise a pu bientôt connaître les questions importantes qu'elle cachait dans les plis de sa tunique mystérieuse.

L'abbé Fleury, dans un remarquable discours sur les six premiers siècles de l'Eglise, trace un tableau d'une vérité frappante, de la vie et du rôle de l'Eglise pendant cette période; la tradition avait eu le temps de se révéler.

« Les saints, dit Fleury, avaient renoncé à tout intérêt temporel en se faisant chrétiens; ils n'étaient ni avares, ni ambitieux, et ne voyaient aucun avantage pour eux à gouverner les autres. Au contraire, ils y voyaient de grand périls : la vanité de la première place; le plaisir de commander et de faire sa volonté; les louanges et les applaudissements; de l'autre côté : la résistance et la haine de ceux que l'on veut corriger ou à qui l'on refuse ce qu'ils demandent injustement; la peine de dire des choses fâcheuses, de menacer, de punir.. »

Plus loin, le docte abbé continue :

« Ces saints évêques évitaient d'irriter inutilement les princes et les magistrats; *mais ils ne les flattaient point et ne croyaient pas que la religion eût besoin d'être appuyée par la puissance temporelle*. Je ne vous citerai pas là-dessus Lucifer de Caillari; vous diriez peut-être que c'était un homme excessif; mais je vous renverrai à ce que disait saint Hilaire, contre la lâcheté des évêques de son temps. C'étaient les hérétiques et les schismatiques, qui, sentant leur faiblesse et n'agissant que par passion, s'appuyaient du bras de la chair pour retenir leurs sectateurs, comme le leur reproche Tertullien. »

Ainsi, ce sont les hérétiques qui usent du pouvoir temporel pour soutenir leur croyance. Quelle leçon!

« Ces règles, dit encore Fleury, n'étaient pas imparfaites, puisque la religion chrétienne étant l'ouvrage de Dieu, *a eu d'abord toute sa perfection*. Ce n'est pas comme *les inventions humaines* qui ont leurs *commencements*, leur *progrès*, leur *décadence*. Dieu n'acquiert ni connaissance, ni puissance par le temps. »

Les saints évêques des six premiers siècles de l'Eglise n'ont pas laissé en héritage à tous leurs successeurs la sainteté, la sagesse et l'éloignement des honneurs terrestres.

Au huitième siècle, la confusion entre les deux pouvoirs est au comble, et l'histoire nous apprend que c'est un intérêt politique et mondain qui l'a établie; la tradition n'y est pour rien.

« Enfin le pape (1), écrit Fleury dans son *Histoire ecclésiastique*, usant en cette extrémité d'un *artifice* sans exemple, devant ni après, dans toute l'histoire de l'Eglise, écrivit au roi et aux Français une lettre au nom de saint Pierre, le faisant parler lui-même comme s'il eût été encore sur la terre. Le titre imité des épîtres canoniques commence ainsi : « Pierre, appelé à l'apostolat de « Jésus-Christ fils du Dieu vivant. » Il fait parler avec lui la Vierge, les anges, les martyrs et tous les autres saints, afin que les Français viennent promptement au secours de leur régénération et

(1) Etienne II (755).

de leur mère spirituelle. « Je vous conjure, dit-il, par le Dieu vivant, de ne pas permettre que ma ville de Rome et mon peuple soient plus longtemps déchirés par les Lombards, afin que vos cœurs et vos âmes ne soient pas déchirés dans le feu éternel, ni que les brebis du troupeau que Dieu m'a confié soient dispersées, de peur qu'il ne vous rejette et ne vous disperse comme le peuple d'Israël. Et ensuite, si vous m'obéissez promptement, vous en recevrez une grande récompense en cette vie; vous surmonterez tous vos ennemis, vous vivrez longtemps, mangeant les biens de la terre, et vous aurez sans doute la vie éternelle; autrement, sachez que par l'autorité de la très sainte Trinité et la grâce de mon apostolat, vous serez privés du royaume de Dieu et de la vie éternelle. » Cette lettre est importante pour connaître le génie de ce siècle-là, et jusqu'où les hommes les plus graves savaient pousser la *fiction quand ils la croyaient utile*. Au reste, elle est pleine d'*équivoques* comme les précédentes; l'Eglise y signifie non l'assemblée des fidèles, mais les biens temporels consacrés à Dieu. Le troupeau de Jésus-Christ sont les corps et non pas les âmes. Les promesses temporelles de l'ancienne loi sont mêlées avec les spirituelles de l'Evangile, et les motifs les plus saints de la religion employés pour une affaire d'Etat. »

Nous engageons les catholiques *sincères* qui lisent ces pages, à réfléchir sérieusement sur les lignes qui précèdent et à établir une comparaison entre le témoignage de l'abbé Fleury et les prétentions des agitateurs modernes. Ils apprendront à apprécier, à sa juste valeur, le principe de de la confusion de la politique et de la religion.

Les exemples partis de haut se propagent dans les masses avec une merveilleuse rapidité; et lorsque les papes et les évêques s'élèvent, dans la pratique, contre les principes de la religion, les prêtres et les fidèles les ont bientôt oubliés.

Dix ans après la lettre du pape Etienne II, Théodulphe, évêque d'Orléans, se trouve dans la nécessité de condamner la confusion déplorable qui s'est établie entre les affaires du ciel et les affaires de la terre. Dans une instruction adressée aux prêtres de son diocèse, il leur rappelle « qu'on ne doit s'assembler dans l'Eglise que pour louer Dieu, et qu'il faut en bannir les *affaires*, les disputes et les discours inutiles. »

Ces paroles du saint évêque d'Orléans devraient être gravées sur les portes de toutes les Eglises et de tous les palais épiscopaux.

Assurément, elles ne veulent pas dire : Confondez les principes de la religion et ceux de la politique lorsque l'intérêt le demande, et employez les motifs les plus saints de l'Evangile pour une affaire d'Etat.

VI

4° Avec l'expérience.

Des esprits, d'un jugement faux ou habitués à fausser, dans l'intérêt de leur cause, les faits les plus avérés de l'histoire, pourraient tous dire :

Vous demandez à la politique de vous assurer l'ordre et la liberté; vous ne lui demandez que cela, et les formes dont elle sera revêtue pour vous les donner vous importent peu. Si la religion en dominant la politique vous donne l'ordre et la liberté, ne devez-vous pas admettre, non-seulement la confusion ou l'alliance des deux principes, mais encore la soumission de la politique aux conseils et aux influences de la religion? N'est-ce pas la religion catholique et papale qui a soutenu le droit des peuples contre le droit des princes? n'est-ce pas elle qui a maintenu, pendant le moyen âge, la tradition de la civilisation humaine et soutenu le développement des institutions libérales? Si, aujourd'hui, elle fait le contraire, c'est qu'elle n'est pas libre; laissez-la livrée à elle-même! N'entravez pas sa marche, et les beaux jours du temps passé renaîtront bientôt. L'expérience que vous invoquez pour justifier la séparation des deux pouvoirs vous montrera, comme elle l'a prouvé déjà, que leur alliance est nécessaire au progrès de l'esprit humain, au bien-être des peuples.

Rien ne serait certes plus beau qu'une alliance qui produirait de pareils résultats; mais malheureusement l'histoire est là pour démentir toutes les espérances et dissiper toutes les illusions de ce système.

Nous ne nommerons pas les nombreux martyrs de la foi, de la raison et de la science qu'une religion, intolérante et ambitieuse, a livrés à la loi, inexorable et sanguinaire, d'une politique établie sous son inspiration. Nous ne parlerons pas des albigeois, des vaudois, des réformés du seizième siècle, ni des sanglantes boucheries humaines, au milieu desquelles cette même religion croyait égorger, avec les hommes, le principe de la liberté de conscience. Singulier moyen d'établir l'ordre et d'assurer la liberté!

Nous n'accusons pas une religion particulière. Toutes, quand elles sont au pouvoir, deviennent intolérantes. Une théocratie n'existe que par compression et est, par sa nature, ennemie de toute liberté.

Afin d'être bien compris, nous examinerons les résultats de l'invasion de la religion dans le droit païen, dans le droit juif et dans le droit chrétien.

Les prêtres du temple de Delphes, en appelant au secours de leurs biens temporels Philippe Ier, roi de Macédoine, lui livrèrent la Grèce; cette nation, au moment de s'unir dans une forte nationalité, fut désorganisée et morcelée par les rois macédoniens. Lorsque les conquérants du monde foulèrent le sol sacré du pays d'Homère, de Socrate et de Platon, ils ne trouvèrent devant leurs légions que l'ombre de la Grèce de Marathon et des Thermopyles. La théocratie avait tué la Grèce vivante.

L'histoire du peuple juif n'est que le récit des

longues luttes entre la religion et la politique. C'est pour échapper au joug de la théocratie que les Hébreux demandent un roi, c'est-à-dire la constitution d'un pouvoir politique. C'est pour détruire la théocratie toujours puissante du temple de Jérusalem que plusieurs rois introduisirent parmi le peuple saint la religion des Gentils. La théocratie n'apprend rien aux leçons de l'histoire; après le retour de la captivité de Babylone, elle provoque, par son attitude orgueilleuse et intolérante, le schisme de Samarie.

Les papes de Rome, en appelant au delà des Alpes, pour la défense de leur autorité temporelle, les Allemands et les Français, ont tué l'Italie, comme les prêtres païens avaient tué la Grèce. Depuis cette époque, la nation malheureuse n'a cessé de gémir sous le double joug local et étranger. Mais Dieu a entendu ses lamentations; il a eu pitié de ses larmes et de ses souffrances; son esprit a touché dans sa tombe le grand Lazare, et il en est sorti une Italie, forte et prête à montrer au monde qu'elle peut se passer de tuteurs.

Ce qui nous frappe le plus, dans les faits qui précèdent, c'est le mépris du nationalisme que les théocraties ont toujours mis en pratique. Or le nationalisme est un des sentiments les plus vitaux des peuples contemporains. Les nations qui seraient tentées de restaurer ce pouvoir à jamais détruit sauraient bientôt, à leurs dépens, tout ce qu'il porte en lui-même de divisions, de haines et de malheurs; leur nom s'inscrirait, avant deux générations, sur le martyrologe des peuples infortunés.

On voit que l'expérience, comme la raison, comme l'Evangile et comme la tradition catholique, condamne, sous peine de désordre et d'oppression, la confusion de la politique et de la religion. La justice de leur séparation est écrite dans la conscience de l'homme, dans l'histoire des peuples, dans le livre de Dieu.

VII

On ne manquera pas de dire : Voulez-vous que la politique et la religion vivent continuellement à côté l'une de l'autre, en étrangères, en ennemies? Les haines seront plus fortes, les conflits plus sérieux, les guerres plus meurtrières.

Cette objection n'est pas sérieuse. Est-ce que

deux frères ne vivent pas en bonne intelligence, parce qu'ils administrent d'une manière différente le patrimoine qu'ils ont reçu de leur père? Est-ce que le maçon et le charpentier sont ennemis, parce que chacun d'eux a ses attributions marquées, dans la construction du même édifice? La religion n'aura aucune haine contre la politique, parce que son premier principe est l'amour. La politique n'aura pas de haine contre la religion, si celle-ci rend les hommes meilleurs.

Passons à une objection mieux fondée. La séparation de la politique et de la religion, disent des chrétiens timides ou indifférents, est une chose juste en théorie; mais nous redoutons, dans la pratique, l'application de ce principe; car il faut être conséquent, et si nous admettons aujourd'hui la séparation de la religion et de la politique, nous serons amenés demain à réclamer la séparation des formes correspondantes, c'est-à-dire la séparation de l'Eglise et de l'Etat, en un mot, une chimère, une utopie.

Nous doutons que la conséquence puisse être poussée sur ce terrain, du moins dans un temps prochain. Dans tous les cas nous l'acceptons.

Serait-ce donc un grand mal que la suppression

de ces rapports constants que nous voyons dans beaucoup de pays entre l'Eglise et l'Etat? Le christianisme faisait-il partie de l'Etat, dans les trois premiers siècles de son existence? En France, en Angleterre, dans tous les pays où existe la liberté des cultes, il y a des sectes dissidentes, et les hommes religieux qui se sont attachés à ces formes de culte ne sont ni les moins pieux, ni les moins honnêtes, ni les plus mauvais citoyens. L'Eglise ne se composerait alors que de vrais croyants, et non d'une foule d'indifférents ou même d'incrédules, qui fréquentent les lieux consacrés au culte, par habitude ou par oisiveté, lorsque ce n'est pas par intérêt ou par respect humain. Nous serions débarrassés en partie, de ce pesant formalisme qui est un obstacle au progrès religieux de l'âme. La religion se retremperait à la source inépuisable de la piété et de la foi individuelles.

La politique gagnerait à cette séparation au moins autant que la religion. Elle n'aurait pas peur, à chaque instant, de blesser des susceptibilités, de froisser des amour-propre. Libre dans sa marche, dégagé d'une infinité de préoccupations étrangères à la politique, le gouvernement pourrait donner tous ses soins, à l'amélioration matérielle des classes déshéritées de la société, à leur instruction, au progrès de l'industrie et de l'agriculture, au développement de la richesse nationale et de la prospérité publique.

La religion rentrera dans sa pureté primitive, d'où elle n'aurait jamais dû sortir. Le prêtre sera rehaussé dans son rôle; il n'aura d'autre autorité que celle qu'il tiendra des fidèles, de leur reconnaissance et de leur amour. Il enseignera à ses paroissiens le chemin du salut et non celui du scrutin politique. Aucun acte d'intervention dans les affaires de la commune ne compromettra sa dignité; tous ses soins tendront à développer la vie religieuse des âmes qui se seront confiées à sa sagesse et à son expérience. La prêtrise, dans toutes les religions, sera un saint ministère et jamais un métier.

Peut-être, à la suite de cette séparation, il se produira des différences dans la doctrine et dans la discipline; il n'y aura plus cette uniformité désolante qui écrase l'âme et l'esprit de l'homme. N'importe! Il y aura unité dans l'amour et dans la foi en Dieu.

D'ailleurs, la diversité de doctrine et de discipline amènera de nombreuses réunions religieuses ; on n'entendra plus, à la même heure et dans le même lieu, les mêmes sermons, les mêmes louanges, les mêmes prières. Tous penseront à Dieu ; l'édification mutuelle remplacera le culte de l'indifférence.

Les hommes apprendront que chacun est responsable de ses œuvres et que nul ne peut passer à un autre la procuration de son salut.

VIII

Des chrétiens *sincères* et *véritables*, mais trop enclins à tolérer ce formalisme religieux qui tend de plus en plus à se substituer à la religion purement spirituelle, nous diront ici :

En séparant l'Eglise de l'Etat, on enlève à l'Etat sa partie morale, la partie qui, à bon droit, fait sa justice et sa force. S'il n'y a plus de culte officiel, qui remerciera Dieu des prospérités et des triomphes de l'Etat? Qui s'adressera à lui, dans les revers, pour lui demander la grâce de sa consolation et l'apaisement de sa colère?

Nous répondrons : L'oreille de Dieu se ferme

aux prières commandées, qui souvent ne partent que des lèvres de l'homme. La vraie religion forme de bons et vrais citoyens; et, à toutes les prières publiques prononcées ou écoutées par des hommes qui ne se rendent dans le temple de Dieu que par devoir humain, nous préférons la prière inconnue faite par un bon citoyen dans le secret de son cœur. Les clameurs publiques n'envoient vers le ciel qu'un murmure confus et discordant; la prière solitaire est une voix claire et distincte; elle arrive telle devant Dieu.

Résumons : La confusion de la politique et de la religion est grosse de dangers; elle est jugée et condamnée par la raison, par l'Evangile, par la tradition et par l'expérience.

Leur séparation, au contraire, est manifestement conseillée par les faits même qui condamnent leur confusion. La politique et la religion gagneront à rester, chacune, dans ses attributions.

Ces questions ont été longtemps agitées et discutées par les diverses religions; au dix-neuvième siècle, elles reparaissent et tendent à passer de la théorie dans la pratique; cette tendance est un bon signe de la vie religieuse du moment; le progrès, qui se fait partout faire place, ne se laissera intimider ni par l'intérêt des uns, ni par la simplicité des autres, et fera, avec la grâce de Dieu, qu'avant peu de temps, les aveugles verront et les sourds entendront.

La séparation de l'Eglise et de l'Etat, en d'autres termes, la conséquence finale du principe dont nous avons démontré la justice, restera-t-elle longtemps en Europe une théorie, ou le dix-neuvième siècle complétera-t-il l'ébauche des siècles qui l'ont précédé? S'il résout cette question, ce ne sera pas la moindre gloire qu'il ajoutera à sa couronne de progrès, déjà si brillante!

Mars 1860.

Paris. — Typographie de Ch. Meyrueis et Cie, rue des Grès, 11.

www.ingramcontent.com/pod-product-compliance
Lightning Source LLC
LaVergne TN
LVHW020245230826
846091LV00006B/2245

* 9 7 8 2 0 1 1 7 5 0 5 9 4 *